© 2021, Christian Hofmann

Herstellung und Verlag: BoD – Books on Demand, Norderstedt

ISBN: 9783754312889

NUR DER GLAUBE ÜBERDAUERT

Christian Hofmann

Gedanken

Tränenwert
EINTRAG: ERINNERUNG

Es sind die alten und die –
Staubigen Geschichten, welche
Oma doch immer wieder erzählt
Momente voller Freude und Glück
Und jede Erinnerung ist all jene
Tränen wert

Und wenn sie so erzählt von
damals, aus früherer Zeit
Dann überkommt es mich, als
reiste ich mit – von der Gegenwart,
in eine Vergangenheit

Sie erzählt aus Kindertagen und –
Aus den Jugendjahren
Und aus einer „armen Zeit", in der
doch aber, so viele noch glücklich
waren

Sie hatten nicht viel an Besitz
So erinnert sie sich immer wieder
Und ich denke mir dabei –
Doch, ihr Herz besitzt so viel mehr
als heute, wie manch Einer an
materiellen Gütern!

Und sie erzählt von –
Eingemachten Gläsern
Und vom Sparen eines jeden
Groschen, jedem Pfennig und einer
Mark!

Dies sind Gedanken und
Vorstellungen, aus wirklich armer
und grausamer Kriegszeit –
Die sich heute, keiner mehr so –
Vorstellen mag!

Das erste Mofa von Opa –
Und das erste Auto, selbst gekauft
Mit Müh und Fleiß erspart, jede
Münze des Betrags
Und mit Stolz – getauft!

Ach, wie gerne höre ich ihr zu
Beim Schwelgen ihrer Erinnerung
Traurig und schade, Zeit kommt
nicht zurück –
Lebe also glücklich und sei
dankbar um jedes noch so kleine,
herrliche Stück
Seelisches Eigentum!

Glück oder Pech

Es scheint als verbreitet sich heute
Schlechte Laune weit und breit
Dann sind die Glücksmomente –
Auch, ganz fern und weit

Nicht spürbar, nicht greifbar
So fern und weit – einfach nur weit!

Und die Vögel pfeifen,
so fröhliche ihre Lieder
und mir scheint es, so fühle ich –
als sehe ich die Sonne nicht wieder

Und jeder noch so –
Wahrhaft erlebte Moment
Getragen von Glück oder Pech
Scheint nicht mehr greifbar zu sein
Einfach nur – weit weg!
Ich bin mir selbst doch,

lieber ferner! Ferner als –
Mir selbst zu nah zu sein!
Ich weiß nicht, warum es ist, so
wie es ist

Und weiß ich auch nicht,
warum ich fühle, wie ich fühle –
Ich muss es aber akzeptieren, so
wie es ist, denn alles andere, ja
alles andere, es nutzt mir nichts!

Und nur so spüre ich für mich –
Das wahre Leben!
Allein mit mir und meinen
Gedanken, allein –
Auf allen großen und weiten Wegen

Vier Wände
EINTRAG: FREIGEIST

Kein Platz dieser Welt
Stütz oder verankert –
Mein Zuhaus
Mein Herz sind meine vier Wände
Lebensgefühl –
Auf ewig vertraut

Sehne mich nach dieser Freiheit
Dem Sommerduft
Dieser Weitblick am Meer
Das Zuhause in meinem Herzen
Ist überall und stetig
Steht auf Abschied mit Wiederkehr

Ja, ich bin ein Freigeist
Der allzu gerne, in die Freiheit reist
Nicht fest, nicht gebunden
Nur mein Herz, es ist mein Zuhaus'

Der Träumende
EINTRAG: DICHTER

Bin ich ein;
Wachender Träumender!?
Lebe ich verschiedenen
Wirklichkeiten, in mehreren
Räumen, hier und da!?

Reise ich durch die Zeit
Im Universum und im eigenen
Sein!?
Parallel oder zugleich, ich frage
mich; „Kann dies, denn möglich
sein"!?

Wirklichkeit und Realität
Selbst in der Früh bin ich zu spät!?
Süße Täuschung oder bittere
Wahrheit!?
Ich hätte gerne ein Glas voll, von
der Flasche -WEISHEIT-

Letztes Fest
EINTRAG: AUTOR, DICHTER

Bei jedem Buch denke ich mir so –
Dies ist, das Letzte und das Beste!
Doch dann stelle ich immer wieder
fest, es war noch nicht mein
letztes Fest!

An manchen Tagen
Gerade nach einer Pause
Dann sprudeln nur so die Wörter
Das Papier ist und bleibt mein
Zuhause

Gedankenkreationen
Schreibweise in Reimen
Dichtkunst-Variationen
Dichter und Denker mit –
Seiten-Stationen

Wenn der Hahn kräht

EINTRAG: KINDERTEXT (LUSTIG)

Wenn der Hahn kräht
Und der Gärtner den Rasen mäht
Wenn die Schulklingeln bimmeln
Oh je, dann bin ich zu spät!
Wenn der Alarm ausschlägt
Weil die Temperatur am Herd –
Eine zu hohe Gradzahl beträgt
Und jede Scheibe beschlägt
Wenn der Bus,
vor der Nase wegfährt –
Oh je, dann bin ich wieder zu spät!

Wenn die Katze jammernd tönt
Wenn die Haare noch nass sind,
weil keine Zeit bleibt zum Föhnen
Wenn die Uhr tickt und ich vor
Entsetzen wieder stöhne!
Oh man, dann bin ich schon
wieder zu spät!

Morgens um 7 ein Bier
EINTRAG: SOMMER-SPAZIERGANG

Morgens um 7 ein Bier
Denn es gilt, kein Bier vor 4
In der Nacht einen Kaffee
Für den Lärm und den Krach
Noch ein Tee danach
Übrig bleiben Dosenpfand
Nichts als Büchsenbier
Es wurde die Nacht zum Tag
gemacht

Dies sind Begriffe und
Momentzusammensetzungen
Von jemandem mit Alkoholgenuss
Festzustellen ist; es war Alkohol im
Überfluss!
Anders nicht zu erklären, es so
wohl sein muss!

Im Betrieb vom Alkoholverzehr

Kommt's von Glas zu Glas zu;
„Ich will noch mehr"!

Eine Reihe Gläser
Und Flasche Schnaps hinzu
Morgens um 7 ein Bier
Leber und Hirn, lange geweckt aus
ihrer nächtlichen Ruh'

Einfach Texte schreiben
EINTRAG: DICHTER

Nach so langer Zeit –
Wieder mal schreiben im Cafe
Ein Gefühl vom,
endlich gestillten Heimweh!

Ich spreche aus dem Herzen
Der Autoren und der Dichter
An den Stränden, in den Städten
In allem Himmelsrichtungen

Es ist kein Ruhm, es ist kein Fame
Words are only – my favorite Game
Einfach Texte schreiben, davon
und damit leben –
Hin und wieder mal über meine
Bücher reden!

Über Gedanken und meine Reime

Meine Berufung ausüben, alles
was ich will und meine!

Hin und wieder fragen Leute
„Christian, dass du immer noch
schreibst, fallen dir denn immer
Sachen ein"!?

Was soll ich dazu sagen
„Die Liebe – die Verbundenheit,
zu all den Worten, sie ist so
unergründlich"!

Einwegpfand

EINTRAG: SPAZIERGÄNGER

Ausgetrunken steht am
Straßenrand –
Die leere Flasche mit dem
Einwegpfand!

Ausgetrunken und
Zurückgelassen –
Stehen am Straßenrand,
all die leeren Flaschen!

Der Inhalt hat lediglich
Dem Zweck gedient
Der Einwegpfand, auf dem Weg –
Seinen Platz erhielt

Jetzt stehen die Flaschen so –
Herrenlos und verloren da!
Auf dem Asphalt, am Mauerstein
Ich nimm sie mit, das ist doch klar!

Eingeknickte Seiten
EINTRAG: TIEFGRÜNDIGKEIT

Ich will Geschichten aus –
Aller Welt erfahren
Geschichten von Menschen,
die ihre in sich bewahren

Von den guten und den –
Einzigartigen Zeiten
Fotos sehen, all die verblassten
Und auch die eingeknickten Seiten

Möchte doch mit eintauchen
In vorhandene, aber nicht
verfasste Abenteuer! Jeden Funken
spüren, wie an einem Lagerfeuer!

Schifffahrt und Weltumseglung
Geheimmissionen
Gold- und Minenentdeckung

Von all den Diamanten und Perlen
Von den Tauchexpeditionen
Von wildwestartigen Sprengungen
Und all den Explosionen!

So viel Nostalgie lebt auf
In jedem frischen Lebenshauch
Höre Geschichten, sehe alte Bilder
Von Tagen wie, Sommernacht und
kaltem Winter

Nur'n Stück zurück

Bei meinem Blick –
Zurück in die Vergangenheit
Möchte ich nur'n Stück zurück –
Aus meinen Kindertagen, guter Zeit

Zum Beispiel den Moment vom;
Päckchen Fußballbilder tauschen
Freude an den Sticker-Alben
haben, ohne das Wissen – dass die
Macher sich am Verdienst vom
Taschengeld berauschen!

Oder diese Momente der Jugend –
Mit der Videospielkonsole
Gezockt, gefreut! Oh, wie denke
ich heute, verbrasst habe ich so
manchen Zaster, manche Kohle!

Es ist der Geist, der heute in mir
spricht
Wovon das kleine dümmliche
naive Kindlein noch nicht weiß, wie
es ist!

Doch nicht alles daran war
schlecht
Ich lernte und verstand, war
hilfreich – doch ganz echt!

Berichterstattung
EINTRAG: ÜBER MEIN LEBEN

Für eine erfolgreiche Fußball-Profi-
Karriere ist es längst zu spät!
Auch das Semester zum Studium,
wo ich nicht mehr rechtzeitig käme

Doch, bleibt ja noch –
Der Traum vom Fußballreporter,
welcher leidenschaftlich, Spiele
kommentiert –
Berichterstattung vom Zuschau-
Sportler

Ich bin jetzt 35 Jahre – alt oder jung
Wie man es sieht, liegt an der
Ansicht wiederum!
Dichter, Denker, Buchautor
Alles nur im kleinen Stil!
Erwarte ich noch etwas Großes!?
Oder bin ich tatsächlich zufrieden?

Viele Dinge haben im Leben –
Leider nicht geklappt!
Doch das größte und schönste
Wunder, kam in einer fast späten
Sommernacht!

Kräfte
EINTRAG: MEINE GEDANKEN

Es ist bitter, es schmerzt und es tut
weh – All so große Träume –
Nichts als verbrannte Erde!
Nur Staub bleibt zurück
Und den Weg, den scheitere ich,
ganz allein! Tränen laufen, aber
dann bin ich allein!
Doch mein Glauben, nur er trägt
mich durch die Nacht – und stützt
meinen Tag, weil ich immer;
„Morgen ist ein neuer" zu mir sag!

Und ich spüre, die Ängste sie –
Verlieren Kräfte, denn ich glaube
und vertraue auf Gott!
Dieser Glaube ist was Echtes, bei all
den falschen Menschen und dieser
miesen Zeit!
Tränen laufen hin und wieder, doch
dies weiß nur Gott allein!

Eintrag/Sammelwerk: Kapitel 2
Diese Lebensnähe

AN—TRIEBSLOS
Kniffel & Stadt, Land, Fluss
Wunschtraum
Fachanstalt
Mit Herzgefühl
Marktgasse
Leben & Schule
Die Eisenbahn
Straßenblicke
Meeresbreite
Licht & Schatten
Das erste Lichtlein
Drei Tantchen
Bahnhofs-Cafe
Der Affe am Klo

AN—TRIEBSLOS
EINTRAG: SELBSTREFLEXION

Ich bin zerstreut und so
Durcheinander –
Wie ein Puzzle mit 1000 Teilen,
nichts passt mehr beieinander!

Ich laufe durch die Straßen
Suche was sich nicht finden lässt
Jetzt fällt dazu der Regen, Glück –
Welches mich nun noch verlässt!

Ich sehe Fassaden und die Kulissen
Sie haben meine Geschichte
geschrieben, doch vieles ist –
Einfach vorbei und zerrissen!

So viele neue Informationen
Ich kann sie nicht aufnehmen –
Weil meine eigenen noch nicht
einmal verarbeitet sind

Ich kann mich –
Nichts Neuem zuwenden,
solange ich zerstreut bin –
So wie der Wind

Gedanken zu sortieren
Fällt in dieser Zeit so schwer
So viel was ich gern möchte, was
ich will, doch ich bin traurig
Und ich fühle mich so leer!

Die Ziele sind gesetzt
Und die Träume so groß
Ich würde gerne starten, doch
momentan bin ich so;
AN—TRIEBSLOS
Meine Triebwerke sind so
AN—TRIEBSLOS, AN—TRIEBSLOS

All die Steine auf meinen Wegen
All die Klippen an denen ich stand
Sie gaben mir Kraft nie aufzugeben
Und so kämpfe ich weiter an!

Und wenn noch so viele –
Dämme auch brechen
Ich werde Ketten noch sprengen
Ich werde laufen –
Ich werde beißen, ich werde die Flut
In allen Gängen!

Ja manche Tage
Sie sind hart und sind schwer
Doch ich kämpfe für meine
Hoffnung, wieder einmal mehr!

Kniffel & Stadt, Land, Fluss
EINTRAG: ERINNERUNGEN

Ich ging den Weg –
Von der Schule, Nachhaus'
Die Klingel sie schellte
Und die Türe ging auf

Ich rannte die Treppen
Im Treppenhaus hinauf
Da hast du gestanden, gewartet
Wenn ich aus der Schule kam –
So Tag für Tag

Zuerst einmal hieß es dann
„Essen"! Dann Hausaufgaben
Und danach spielen wir –
Mit den Würfeln und Karten

Auch spielten wir oft –
Stadt, Land, Fluss
Oh, ich wünschte um diese schöne
Erinnerung, die Spielstunde fände
keinen Schluss!

Du warst so gütig und –
Du hattest ein barmherziges Sein
Dabei hattest du, in deinem Leben
Doch nie; „Nur Sonnenschein"!

Heute weiß ich zu schätzen
All die Zeit, die wir hatten
Und ich denke zurück an die
Schulaufgaben, in Deutsch und
auch in Mathe!

Und im Sommer spielte ich
draußen Fußball und du hast
Zeitung gelesen, die mit der
Aufschrift ~NEUE POST~

Im Winter spielten wir
Immer Kniffel und Brettspiele,
bei eisiger Kälte, Glateis und
Frost!

Ich vergesse nie diesen Tag
An dem du aus dem Krankenhaus –
Nachhaus' kommen solltest!
Ich war 11 Jahre, rannte die Treppe
hinauf!

Mir machte man, schon die Türe
auf, doch sah ich nur traurige
Gesichter mit meinen Augen –
Gesichter mit Tränenverlauf!

Wunschtraum

EINTRAG: SELBSTREFLEXION

Ich habe diesen Wunschtraum
Ja, ich brenne für ihn!
Ich verlor meinen Geist
Ich sprengte die Zeit
Und was nun noch da ist –
Ist was übrig bleibt!

Manchmal frisst mich –
Mein Leben auf
Wie ein glatter Fehlschuss,
mein ganzer Lebenslauf

Einschränkungen ignoriert
Weder links noch rechts geschaut
Immer selbstbewusst weggehört –
Beim; „Hey! Achtung! – Pass auf"!!!

Um Erfahrungen kam ich –
Nicht drum rum
Manche blieben schmerzhaft
In meiner Erinnerung!

Manche Momente bleiben
Meine Zeichen der Zeit
So viel mit dem Leben – In Trauer,
Glück, Pech und Leid geteilt!

Fachanstalt
EINTRAG: LIEDERMACHER

Bei all den
Ungerechtigkeiten
Verwundern mich keine
Streitigkeiten

Es geht ums Ganze, ums Große
Um das Weit- und Breite
Es geht um keine kleinen
Nichtigkeiten

Was wäre dieses Leben denn –
Für den Liedermacher
Wenn's keine Texte gäbe,
für all der Lieder Sachen!?

Aufbauen und auch –
Das Niedermachen
Ein bewusstes System, zur
Einteilung aller Spezies-Klassen!

Dem Knecht ist es nicht recht!
Drum braucht er einen
Rechtsanwalt!
Also macht er sich auf den
Rechtsweg zur rechtlichen
Fachanstalt!

Bei allen Erniedrigungen
Bei all der Bürde, allen Zielen –
Muss man bewusst, bedacht
Das Recht der Position ausspielen!
Doch hin und wieder
Da kommt's zu Ungerechtigkeiten
Und da verwundern mich ganz
echt, nicht nur geringe
Streitigkeiten!

Was der Eine hat, will und muss –
Der Andere, auch haben!
Auf Biegen und auf Brechen
Bleibt es versagt, geht's verzagt –
Direkt ans Klagen!

So sorgen täglich neu
Doch allerlei Plagen
Das Glück scheint verschifft –
Nur das Pech, dies hat man am
Haken!

Mit Herzgefühl
EINTRAG: SELBSTREFLEXION

Inwieweit –
Schwimme ich der Masse bei?
Verfasse Bücher, schreibe Reime
Teile diese doch so gern!

Das Schreiben, ist ganz das Meine!

Ich schreibe lebensecht
Mit Herzgefühl, es ist doch im
Reinen!
Ich schreibe doch aus
Leidenschaft und Liebe –
Nicht für Zahlenversehene Scheine

In der Sonne sitzen,
mit einer Tasse Kaffee
Reime fließen, Reime strömen
Lieber Gott, ich danke dir dafür!

So kreisen doch immer
All meine Gedanken
Und sie sind es mir wert –
Sie in Zeilen festzuhalten!

Manchmal da –
Schreibe ich aus dem Nichts
Eine kleine Poesie, -
Ein Sterngedicht!

Mit ganzem Herzen
Mit Leib und Seele
Jedes Gefühl, das ich –
In die Zeilen lege

Bei Schritt und Tritt
Ob ich harre oder mich bewege
Schreibe die Sprache –
Die ich doch, so gern lebe!

Marktgasse
EINTRAG: MARBURGER SOMMER

Ich sitze wieder mal in der schönen
Marktgasse, dort wo der Hahn am
Rathausplatz zur vollen Stunde
kräht
Dazu höre ich die Straßenmusik
Die Töne der feinen Noten,
die der sanfte Sommerwind
liebevoll zu mir rüber weht

Und ich sehe all die Menschen
Und deren fröhliche Gesichter
In ihren Augen funkeln
Sommerträume, es sind so schön –
Schimmernd-leuchtende
Marburger Lichter!

Vielleicht auch,
ein bisschen Hektik
Vor manchen Läden, vor den
Geschäften
Aber doch,
bei allem insgesamt –
Sind meine Blicke, sich an den –
Fröhlichen Gesichtern am
Anheften!

Und ich verspüre süße Düfte,
dieser warmen Sommerlüfte
Gerüche die zum Träumen
einladen
Und ich schweife ab in Gedanken,
ja es sind diese wahrlich schönen
Lebenstage
Daran gibt's keinen Zweifel
Ich stelle dies nicht in Frage
Dies ist Marburg, wie ich es liebe
Auf hoffentlich, noch so viele
schöne Sommerjahre!

Leben & Schule
EINTRAG: AUS DEM LEBEN

In der Schule –
Lernst du's Schreiben
Doch was du schreibst,
dies lehrt dich das Leben

Es geht immer weiter
Immer weiter
In die Richtung Zukunft –
Immer der Zeit entgegen

Viel wichtiger als das Spielen mit –
~Stöcken und Steinen~, ist –
Das Verstehen des Spiels der
Wörter in all ihren Zeilen!

Durchleuchte all das
Kleingeschriebene
Denn es gleicht nahezu –
Allem Verschwiegenen

Es ist –
Des Lebens Schule
Und es ist –
Des Weges gehen, in den eigenen
Schuhen!

Mir schießt der Text
Durch meinen Kopf
Und ein Kopf, er schreibt diesen
Text!
Lese und verstehe!
Bis du, was sie sagen –
vollkommen und restlos
entdeckst!

Die Eisenbahn
EINTRAG: KLAMAUK

Klingel-lingel-ling
DING-DONG
Ich spiele mit den Wörtern
PING-PONG

Klingel-lingel-ling
DING-DONG
Ich muss dies erörtern
CHING-CHONG

Klingel-lingel-ling
BIN-SCHON ...
...unterwegs zur Türe, es machte
DING-DONG

Hörst du die Glocken
BIM-BOM
Mein Herz, es macht
RING-RONG

Dieser Flow ist
IN-ON
Verstehst du dies, dann
COME-ON

Mein getextetes
DING-KOMMT –
Mir vor als ob ich mich
DRIN-SONN'

Es ist
Als prescht –
Die Eisenbahn – durch den Garten
Es gibt ein Beben,
bis nebenan!

Straßenblicke

EINTRAG: STADT MARBURG/LAHN

Die Barfüßerstraße –
Sie grenzt an ~am Plan~
Von dieser Kreuzung, wird nur –
In eine Richtung gefahr'n

Durch die Oberstadt
Bis hin zur Uni-Straße herunter,
an die Weidenhäuser Brücke, an
dieser sammelst du im Sommer –
Sonnige Lahn-Eindrücke

An dieser Straße weiter
Geht's lang zum ~Erlenring~ –
Im Rückspiegel dann das Schloss
Und der Fachdienst vom,
Stadtmarketing

An der nächsten Kreuzung da –
Geht's zum Bahnhof, links
Und geradeaus –
Da geht's zu ~An der Zahlbach~
hoch

Da gibt's auch einen Fahrradweg
Drum mach dich mal –
Mit dem Fahrrad los...

Meeresbreite
EINTRAG: LIEBE ZUM MEER

Der Meeresblick –
In der Himmelsweite
Auf der Fläche der Geraden
Von Länge und von Breite

Sonnenuntergang
Im Haus an der See
Vermisse den einzigartigen
Horizont, verspüre fernes Weh!

Warme Sonnenstrahlen –
Sie fallen aufs Meer
Dort wo die Wellen,
so schimmernd schlagen

Meine Gedanken
Sie lassen sich treiben
Wie die Wellen übers Meer
Auf den Längen, auf den Breiten

Der Blick in die Zukunft
Im Wimpernschlag steckt
Vergangenheit

***Pollenflug
Sie fliegen vorbei –
Ich erwache,
aus meiner Träumerei

Licht & Schatten
EINTRAG: TIEFGRÜNDIGKEIT

Es wird gelebt
Es wird gestorben
Auf die Nacht –
Folgt ein neuer Morgen

Auf den Schatten –
Da folgt auch Licht
Wir sehen, verstehen aber –
So vieles nicht!

Manchmal ist es dunkel
Manchmal auch hell
Naturtrüb, naturherb –
Mal geht's langsam, mal schnell!

Mal, läuft's spontan
Mal, schon längst entschieden
Wir bewegen und kreisen uns um –
Niederlage und den Siegen

Die Sonne scheint
Und der Regen er fällt
Himmel oben, Erde unten
Alles, eine Welt

Das erste Lichtlein

Neugierig und gespannt –
So haben wir, dich –
Du neues kleines Menschlein,
erwartet, erblicktest du das –
Licht dieser Welt

Es war jede Träne vor Glück
Welche sich freudig, nicht
zurückhält –
Und so frei und ehrlich doch fließt
So – echt und nicht gestellt!

Jetzt brennt das Lichtlein –
Angezündet zum ersten Lebensjahr
Oh, ich will dich nicht mehr missen
Du bist so kostbar, unser Wunder –
So – unbeschreiblich, wunderbar!

Jetzt bist du am Lernen –
Und du lernst zu verstehen,
zu krabbeln, auch langsam schon
zu stehen

Oh, welch glückliches Gefühl es
doch ist, dies zu erleben –
Mit eigenen Augen, aus eigener
Haut, dies mit anzusehen

Drei Tantchen
EINTRAG: LIEDERMACHER

Ich sitze nun, hier so da –
In diesem Restaurant, in dieser Bar
Sitze dort, im Außenbereich
Um einfach bisschen Texte zu
schreiben und es passiert etwas
zugleich

Am Tisch gegenüber sitzen drei –
„Ältere Tantchen"
umgangssprachlich, es ist ein
Kaffeeklatsch –
Und während ich hier schreibe,
schreit Eine der Dreien – „HACH"!!!

Beim Salzstreuer ist ihr,
der Deckel abgeschmiert
Nun ist das ganze Spiegelei,
vollkommen mit Salz verziert

Ganz entsetzt und so –
Ähnlich einem Aufstand, schreit
sie nun noch; „Ei"! – „Da ist mir im
ganzen Leben noch nicht passiert"!

Nun ist am Tisch dort,
Aufregung und Tumult
Der Kaffeeklatsch, er wird –
Zu einem richt'gen Kult!

Bei all der Panik
Hektik und dem –
Hysterischen Aufschrei
Da ist mir doch glatt entfallen,
der Satz, den ich nun –
nicht mehr weiß, zu schreiben

Sie ist wohl etwas tapsig
Aber trotzdem hat sie doch so
eine, herzvolle und liebe „Oma-
Art"

Und die freundliche Bedienung
springt herbei und seht auch schon
parat

Alles halb so schlimm
Alles nicht so wild
Es gibt einen neuen Teller,
mit frischem Ei –
Und die drei Tantchen sind
zufrieden, na welch eine –
Fröhlichkeit

Bahnhofs-Cafe
EINTRAG: DAS LEBEN

Ich beobachte doch so gern –
Im Bahnhofs-Cafe das Geschehen
Wie schnelllebig, zielstrebig, all die
Menschen ihre Schritte gehen

Zwischen freundlichen Gesichtern
und auch hektischem Geschrei
Bietet dieses Lebensbild ohne
Rahmen, doch so allerlei

Die Busse sie fahren ein
Und die Busse sie fahren aus
Von weitem ertönt auch der Zug
Während dies alles so geschieht –
Denk ich;
„Blatt Papier, ich schreibe drüber –
Das ist mein Zuhaus"

So habe ich also,
meinen Füller und Papier – Nein!
Ich brauche nicht viel,
um einfach glücklich – zu sein!

So viele interessante Menschen
Die mir hier doch begegnen
Unberührt, unwissentlich
voneinander, doch fast auf den
gleichen Wegen

So halte ich dies alles in den Zeilen
fest, ohne jemals mit ihnen zu
reden
Durchaus aber interessant, dass
sie mich bewegen –
Diesen Text zu schreiben,
er ist ein Stück vom Leben

Am Busbahnhof wird gesoffen!
Es wird gegessen und getrunken!
Und im Bushäuschen, da hat es
nach Pisse! Parfüm! Taubenschiss!
Gerochen und gestunken!

Auf den Bildschirmen, leuchtet
minütlich auf
~ Bus fährt ein~
~Wagen hält~
Passen sie bitte auf!

Dies sind verfasste
Momentaufnahmen –
Vom Tagesablauf, nun gehe ich
noch zum „Späti" und mache
meinen Späteinkauf!

Zeilen habe ich für heute –
Wieder genug verfasst
Die schöne Zeit am Tag dafür
Diese, habe ich also nicht verpasst

Der Affe am Klo
EINTRAG: KLAMAUK

Der Affe sitzt am Klo
Das ist, die Attraktion im Zoo!
Der Affe, sogar – turnt dabei
Doch er macht am Klo vorbei!

Der Papagei sagt; „HALLO"!
Er hätte gerne Bier – und zwar zwo!
Der ist auch schon, ganz blau!
Dabei ist sein Gefieder, doch grau!

Das hier sind Bananen-Zeilen!
Klamauk und so allerlei –
Das wars noch nicht!
Da geht noch was dabei!

Obstpüree und Marmeladenbrot
Oder ohne, alles isst man, bei Not!
Der Vogel pickt im Puderzucker

Er denkt dabei; „Bin nicht
meschugge"

Der Pavian
Er schaukelt hin und her im Baum
Er denkt er sei –
Im Zirkus – und dort der Clown

Eintrag/Sammelwerk: Kapitel 3
Auf vielartigen Spuren

Staatssache
Tränenschwere
Auch nur beispielsweise
Das Ganze, bin ich!
Wie wäre es, so anders!?
Marburger Cafe
Mehr als nur schwer
Bilder und Eindrücke
Nie allein
Echter Film
4-5 Bücher
Himmels Segen
Sonne knallt
Sommer sp(endet)
Summer-Song

Staatssache
EINTRAG: GESELLSCHAFT

Sie regieren mit ihren Mitteln
Alles ist in ihrer Mache
Alles – naja, fast alles, ist
durchdacht
Sie handeln in Staatssache
Für das Füllen der Staatskasse

Der Mensch eingespannt in Vollzeit
Eingeplant, lediglich zum;
~Fresse halten~!!!
Und nur zum Parieren!

Die noch so kleinen süßen lieben
Kinder, sie werden eingepfercht
In Ganztags-Kindertagesstätten,
als ob die Eltern keine Lust und
keine Zeit, für ihre lieben Kinder
hätten!

Vaterstaat, der doch an uns denkt
Und nur stets unser Bestes will –
Dass wir die „Schnauze halten" –
Alles einfach so hinnehmen,
willen- und mittellos sind und wir
alles akzeptieren, ohne jegliches
Murren, einfach so ganz still!

Doch, können wir doch froh sein –
Über unseren 10-Stunden-
Arbeitstag und für Überstunden
schieben –
Denn Freizeit und Erholung, bringt
Langeweile und freie Gedanken,
das macht Vaterstaat sehr
unzufrieden!

Ich schreibe diese Zeilen
Ganz verfallen gar, meiner mir
bekannten Schreiblust
Mal schreibe ich humorvoll, mal
schreibe ich sarkastisch

Aber schreibe ich auch hart und echt!
In aller Wahrheit über meinen gesellschaftlichen Frust!

An manchen Tagen habe ich so – Gestrichen, meine Schnauze voll, dass ich selbst nicht weiß, in welcher Verfassung ich verfassen soll!!!

Tränenschwere
EINTRAG: SELBSTREFLEXION

An manchen Tagen wirke ich –
Wie verloren, wie untergegangen
Wie neugestartet – direkter Crash,
beim gerade wieder Anfangen!

Ein Neubeginn mit einem –
Direkt- und Totalausfall
So stark gebremst, doch es kommt
Zum Aufprall!

Was die Tage auch noch,
so alles bringen –
Es scheint, als gäbe es überhaupt
nichts zu gewinnen!

Selbstzerstörung
Ein sehr tiefer Sturz
Jeder Weg zu lang und –
Das Glück kommt zu kurz!

Niedergang –
Doch die Schlacht, noch nicht
einmal geschlagen!
Kummer, Zweifel, Trauer – könnte
über Tränenschwere klagen!

Bin über Teile meines Lebens,
doch so entsetzt!
Wunden-Tiefe, rissige Narben –
Meine Seele ist verletzt!

Auch nur beispielsweise
EINTRAG: DAS LEBEN

Weit reicht der Blick, durch all die
Straßen, weit in die Ferne
Dahin ziehen meine Gedanken
Sie lenken ihre Bahnen, drehen
ihre Kreise
So frei, so leicht, finde keinen
Ansatz, keinen Hauch, - von auch
nur, ~beispielsweise~

So bleiben mir doch diese Worte
In Reim und Vers sie zu gliedern
Das Verfassen dieser Zeilen, ist
wie das Mitsingen, meiner ganz
vertrauten und so fühlbaren Lieder

Das ist ein Hauch von Ewigkeit
Zugleich aber auch, von
Sterblichkeit

Es ist wie ein; „Auf alles vorbereitet
zu sein"!

Es ist, diesen Moment bewusst zu
spüren, diesen Augenblick
zulassen und fühlen – wie das
Leben mich so durchströmt
Wie es doch Haut, Herz und Seele
berührt

Es ist ein Hauch von Ewigkeit und –
Zugleich auch Vergänglichkeit
Was wird am Ende –
Für ewig sein!?

Das Ganze, bin ich!
EINTRAG: SELBSTREFLEXION

Die Zeit, sie bleibt immer die
gleiche!
Nur die Ansichten, diese ändern
sich!
Ein Teil von damals,
ein Teil vom Jetzt –
Das Ganze,
das bin ich!

Gedanken die mich tragen
Gedanken die mich leiten –
Hinaus in diese Welt, in all die
Ferne, die noch so weiten!

Viel getan, viel gemacht, viel
gegeben!
Alles aufgeopfert, für die Momente
der Glückserlebnisse!

Erlebnisse gab es viele, doch der Erfolg, der blieb aus!
Gelitten, verloren, gab alles!
Legte mehr, als nur einmal drauf!

Manchmal hämmert es in meinem Kopf, bis hin zu einem Schwindel – so stark,
der Schwindel ist wie ein innerliches Fallen, welches ich nicht so präzise beschreiben kann!

Es ist als dreht sich alles, mein Blick ist starr, doch die Umgebung schwangt und dreht, wie ein Karussell!

Wie wäre es, so anders!?

EINTRAG: SELBSTREFLEXION

Wie wäre es, so anders!?
Wenn die Realität gezeichnet wäre,
wie meine Träume und Wünsche –
Sie doch vollkommen und so
liebevoll konstruieren!?

Vom Glücklichsein und –
Von der Fröhlichkeit bin ich
entfernt, sehr weit, es fallen
Tränen, denn die Trauer fällt mir
und meiner Seele leicht!

An manchen Tagen ist dieser –
Schmerzhafte und immer
vorhandene Kummer so
unerträglich stark!
Gott – Warum!? Ich frag', wie ich
dies alles noch ertrag!?

Das Pech in meinem Leben
Scheint gemietet und gepachtet
Denn das Glück ist immer
vergriffen, verbraucht,
ausgenommen, ausgeschlachtet!

Ich bin bestimmt –
Kein Vorzeigevater!
Doch ich bin Vater,
ich brauche die Kraft!

Lieber Gott, wenn diese Zeilen –
Dich erreichen
So lass doch bitte etwas Last,
von meinen Schultern weichen!

Marburger Cafe
EINTRAG: AUS DEM LEBEN

Ich sitze am Eck-Cafe
Gegenüber der Metzgerei
Bornemann, es ist ein herrlich
schöner Sommertag, ich fange
wieder einen Text zu schreiben an

So viele Augenblicke –
Gefüllt sind sie mit so Eindrücken
So schreibe ich und es fließt, Wort
an Wort ohne allzu große Lücke

Ich sehe all die Schönheit –
Dieses Lebens, so wahrhaftig
Ganz herrlich und so echt, so wird
dieser Text der Lebensnähe doch
gerecht

Unverfälscht der Geschmack des
Lebens – Cappuccino ohne Sahne

Auch ohne Zucker, höre all der Menschen Gerede und Geschichten, erkenne somit doch, so vereinzelt derer Lebensmuster

Mehr als nur schwer
EINTRAG: SELBSTREFELEFXION

Familienstand – katastrophal
Total zerfahren
Vaterrolle – ich habe versagt,
es ist miserabel

Mathematik –
Ich hasse Bilanzen, sowie Statistik
und Zahlen
Welt der Worte sind meiner Heimat
Orte

Ich lebe das Reimen und
Das Verse Verfassen
Im Leben das Schreiben,
kann ich nicht sein lassen!

Der Dichter und Denker
Das Schreiben es fließt

Privates Leben und Beruf
Schlechter Lauf, total mies!

Ich trage die Verantwortung
Immer! Voll und ganz!
Ich gehe weiter, wenn jeder sagt;
„Dass du es nicht kannst"!

Aller Anfang, ja er ist –
Mehr als nur schwer
Je ferner die Realität, so kommen
die Traumziele immer näher!

Bilder & Eindrücke
EINTRAG: LEBEN

So viele Bilder, Eindrücke möchte
ich gern in meinen Kopf
fotografieren
Ob in Farbe oder schwarz/weiß,
ohne Filter ohne zu collagieren

Alles doch, jeder Moment
So lebensecht –
Immer das JETZT, welches ins
Herz direkt trifft

Und auf den Bühnen dann lesen,
wie jenes Bild doch war –
Die Erinnerung immer frisch, als
wäre ich noch da

Wäre der Moment, doch nur ein
Wort – und jeder Duft eine eigene
Zeile

Wie herrlich schön, sprudelten
bloß all die Reime!?

Wären die Reime so –
Rosig und so blumig, wie eine
Spange im Haar
Jeder Buchstabe wäre ein Genuss,
einzigartig und so wunderbar

Nie allein
EINTRAG: LEBEN

Die Sommertage locken mich –
Wieder an die Tische der Bars
Von sämtlichen Eindrücken
umgeben, in meinen Gedanken
vertieft
Doch höre ich, anderer Gespräche,
sie treffen die Nägel auf die Köpfe,
innerlich denke ich „JA, JA"!!!
Absolut, das wars!

Und so sitze ich doch allein am
Tisch, doch allein –
Bin ich doch dabei nie, höre
ähnliche Sorgen und Probleme,
halte inne!
Doch fühle und denke, ist das
nicht – des Lebens Ironie!?

Wie ähnlich wir Menschen,
uns doch sind –
Kunst steckt in allem, in jedem
Leben, auf allen Wegen
Das Beste daraus machen, dies ist
wohl der Sinn!

Echter Film
EINTRAG: LIEDERMACHER

Am Brunnen, da sehe ich
Dort dieses Mädel sitzen
Scheinbar wartet sie in der Sonne,
auf ihr heutiges Date

Währenddessen läuft ein Typ
Direkt daneben vorbei und er trägt,
ein Alternative-Rock, fetziges Shirt
Mit der Aufschrift „ I DON'T HATE"

Ein Auto fährt vorbei
Mit Techno-Sound so laut
Ohrenbetäubend klingt es –
Und auch die Karre vibriert

Währenddessen sitzt unter
meinem Tisch, eine Taube –
Die, da so fröhlich Körnchen pickt,
welche ich ihr dorthin servier'

Hier draußen spielt die Musik –
Des ganzen Lebens
Ein wahrlich echter Film,
der mir Anreiz verleiht – mit dem
ich doch all meine Zeilen hier auf
dem Papier, füll!

4–5 Bücher
EINTRAG: MARBURGER STRASSEN

Das Schreiben, das Verfassen
Das Verlegen von Gedichten
Das ist mein Lebenswerk

Letztens schlenderte ich, nochmal
durch die Straßen, und zwar zum
Dichten, es war schon spät

Da entdeckte ich einen Pappkarton
Auf dem ~ZU VERSCHENKEN~
draufstand
Ein schöner, Stöberkarton, neben
all dem Pfand, der auf der Straße
stand am Gehweges-Rand

So schaute ich den Karton nur mal
kurz durch, gefüllt war er mit so 4-5
Büchern, also kurz und knapp –

Darin lag ein Buch von Blake,
amerikanischer Poet, hat sich also
doch ausgezahlt gemacht

Was kann einen Dichter, denn
mehr erfreuen –
Wie Lyrik zu lesen, von
zeitgenössischem, von alt bis hin
zu ganz Neuem

So entdeckte ich an diesem
Abend, doch so altverfasstes –
Für mich doch ganz neu, welch
herrliches Gefühl, wie meine Seele
sich daran erfreut!

Jetzt habe ich eine Lektüre für die
Winterzeit –
Wenn ich vor Kälte nicht mehr
draußen sitze und schreib

Hinzu kommt noch, es lag dabei –
~Bestseller-Buch~ „DAS
RUSSLANDHAUS"
Romane lesen war nie meins, doch
es reizte, nun ist es auch in
meinem Gebrauch

Ein so langer „Roman-Autor" bin
ich ja bekanntlich nicht
Meine Geschichte, mein Roman –
Wird abgehandelt im Gedicht

Himmels Segen
EINTRAG: LEBEN

Ein herrlich feiner Sommerabend
An der Kreuzung ~Siedlerweg und
Simmestraße~
Draußen bei der Abendsonne sitze
ich auf der Terrasse
Dort dichte ich eine Abendbriese,
ganz leicht bekömmlich,
sommermärchenhaft, so ist diese

Die Sonne schimmert
Durch all die Wolkenbilder
Ich schreibe dieses Werk, welches
in keinen Rahmen passt
Es ist ein so herrlich schöner
Sommerabend, wie du ihn noch
nicht erlebt hast

Die Sonnenstrahlen scheinen
Und sie fallen durch –
Die Wolkenmuster hindurch
Diese Strahlen gleichen einem –
Himmlischen Segen, in aller
Pracht, auf Gottes Land und so wie
die Wolken sich bewegen, führe
ich den Füller zu diesen Worten,
mit meiner Hand

Sonne knallt
EINTRAG: SOMMER-KLAMAUK

Die Sonne sie brennt
Sie knallt mir auf den Schädel
Die Hitze treibt einen regelrecht –
Zum Schweißausbruch!

Eine Abkühlung
Eine schöne Erfrischung,
die ich zum Klarkommen –
Gerade mal haben muss!

Während diese Zeilen,
gerade hier entstehen
Ist kein bisschen –
Luftiger Wind am Wehen

Mein eigener Schatten
Er sucht ein schattiges Plätzchen
Ein kleines und feines
Sonnenfreies Fleckchen!

Keine große Chance darauf
Denn die Sonne knallt!
Inzwischen bei fast 30 Grad
Und sie macht auch keinen Halt!

Sommer sp(endet)
EINTRAG: LEBEN

Ich bin immer noch –
ARBEITSLOS!
Doch ich bin schon in aller Frühe
unterwegs

Ich lass das schöne Sommerwetter
Nicht einfach so verstreichen
Denn der Sommer spendet mir –
Herrlich schöne Zeiten zum
Schreiben

Ein schlechtes Gewissen
Es tritt auf –
So hin und wieder!
Doch sehe ich Menschen morgens
um 9 – halb 10 Büchsenbier trinken
und höre sie pöbeln –
Vergeht es doch dann auch wieder!

Diese Menschen –
Ich möchte sie nicht verurteilen,
sie nicht kritisieren oder an den
Pranger stellen
NEIN!

Ich kann froh sein,
dass mein Mittel ist – zu schreiben
An dieser, anstatt –
Nichtiger Schreib-Anlaufstelle!

So schreibe ich wieder mal
Gegen den gesellschaftlichen
Druck –
Gegen diesen gesellschaftlichen
Frust
Sommer fühlen, seine Wärme
spüren –
Seine ganze Lebenslust!

Summer-Song

EINTRAG: SUMMER-SONG

Listen to my –
Heartbeat
Follow him, wherever –
It leads me

There are stairs to the stars
It's my way –
In our hearts
You are welcome, to be a part!

Listen to your –
Heartbeat
Wherever, whenever –
It leads

I run, run, run
Runaway forever
To coming home, sweet home
There we stay together

The world is my place
There I belong
The truly home – is in my hearbeat
Can you feel it, do you know!?

I am the artist and I am
Complete in my muse
I love this way – to feel
All these moods

Eintrag/Sammelwerk: Kapitel 4
Gedankenschmiede

Literarisches Festspiel
Gedankensituation
Gedankenschmiede
Aus dem Landkreis
Von dem du nichts, weißt!
Umweltschutz
Schuhwerk
Höhle
Geschmack des Lebens
Bauwerk
Okay

Literarisches Festspiel
EINTRAG: LITERATUR

Ein wahres Rauschen ist für mich –
Ein Meer voller Worte
Und von neuen Wortarten
Wortfindungen von Verborgenem

Inseln und Oasen der –
Verschiedenen Schreibvarianten
Sämtliche Bahnen zum,
Starten und zum Landen

Ein wahrer Schreibrausch
Verfallen in Ekstase
Literarisches Festspiel der –
Extravaganten-Klasse

Wie all die Worte, all die schönen –
In den Zeilen ihre Plätze finden und
einnehmen, wahrlich ist es

Leidenschaft, mein Schreiben im Leben

Ein Gefühl von Wohlempfinden
Wenn Buchstaben, Ausdruck
finden und sich in Wörtern eines
Satzes, zum Ganzen verbinden

Ecken und Kanten –
Geschliffen in der Sprache
Raue Zungen, und Engelspoesie
In allen Räumen, auf den Straßen

Buchstaben verschlucken
Unmöglich, am (W)Ortungsradar!
Gedichte und Reime in aller
Pracht, wie es immer schon war

Kein Text, kein Zitat
Kein Gedicht meinerseits –

Möchte je ein Ende verzeichnen,
doch wie alles im Leben, muss
auch hier –
Der Schluss, unterstreichen

Gedankensituation

Der letzte Text im Sommer, der
gerade einmal erst begonnen hat

Beruflich – richtungsweisend
Zukunftsorientiert
So stolpern die Gedanken im Kopf,
nur auf den Ausweg fokussiert

Jede noch gepresste –
Und pflichtgemachte
Gedankensituation – bringen und
zwingen mich zu Grunde
Regelrecht empfinde ich, eine
ganzheitliche Kapitulation

Eine Kapitulation meines Körpers,
meines Kopfes, meines Geistes
Ich sprenge und setze frei zur –

Wahrlichen Eskalation, doch diese
verläuft glimpflich, denn lediglich –
Nur in meiner Gedankensituation

So bleibt leider doch
Vieles mal wieder beim Alten
Also alles wie gewohnt
Leere, Kummer. Traurigkeit –
Die mich doch schon allzu viele
und jahrelang, bewohnt

So quälen mich Momente
Von all der Gedankenmalerei
Und wenn der Neubeginn, beginnt
Dann war all die Aufregung so –
Überschüssig, überflüssig, all die
ganze unnötigen Sorgen machen
und von Sorgen befallen sein

Gedankenschmiede
EINTRAG: GEDANKEN

In meinem Schädel
Zwischen den beiden Ohren
Da sitzt wahrlich eine einzige
Gedankenschmiede

Sie beherbergt viele,
sperrige und ungebetene Geister
Aufs Neue immer –
Und immer wieder

Und auch das Schild
Auf dem da steht -closed-
Es wird entfernt, zerrissen
Einfach weggeschmissen

Auch der Ruhetag ist –
Längst kein Ruhetag mehr
Dieser Begriff dient nur noch
Als Erinnerungskulisse

So gibt's Stoppschilder
Die ohne jeglichen Stopp –
Ignoriert und eben halt so,
geradewohl passiert werden

Es nutzt auch keine –
Ampellichtfunktion
Oder ein „ACHTUNG"!
Gedankenfrei-Vorranggewähren

Aus dem Landkreis
EINTRAG: MENSCHEN UND LEBEN

Sicherlich, ich bin nicht alleinig im
Großen und weiten
Gefühlsuniversum betagt
In dieser merkwürdigen und doch
seltsamen Zeit,
die inzwischen anhält, seit über
einem Jahr

Ich bin ein Pförtner, ein
Sicherheitsdienst
Ich bin der Gärtner – Von meinem
Alphabet
Der Dichter, der Denker, der Autor
– der wahrhaft
Die liebliche Leidenschaft zu –
Wort und Schrift stetig pflegt

Ich schlendere durch die Straßen
und Gassen
Fröhliche Gesichter – ein manch
so,
freundliches Lächeln kann ich
dabei erhaschen

Nach dieser Zeit des Wortes –
Das mit C beginnt und mit a endet,
sind es die Menschen, die in
sommerlicher Zeit
In sonniger Freude, die in das
Leben, sich allmählich
wieder einfinden

Auch der rauchige Duft,
einer frischangezündeten Zigarette
Er weht mir ins Gesicht
Und vorm Späti, stapeln sich
Kisten –
Voll mit Flaschen auf der Palette –
Am Abend im Laternenlicht

So schreibe ich diesen –
Nun gerade, gedichteten Text
Über Leben und Menschen
Aus dem Landkreis des Marburger
Ecks

Schreibe diesen Teil -RUBRIK-
Für die ~Oberhessische Presse~ -
zum Teilen
Und zum Abdruck in mein neues
Buch
Schreibe ich zugleich diese Zeilen

Das Gefühl von Raum und Zeit –
Dieses verliere ich, immer beim
Schreiben
So vertieft in des Lebens
Beschreibung, dass
keine Augenblicke auf die
Uhrzeiger bleiben!

Von dem du nichts, weißt
EINTRAG: SELBSTREFLEXION

Das Schreiben, das Texten von
Reimen und Gedichten –
Es beansprucht mich total!
Ohne Luft, so flächendeckend!

An jedem Tag, in jeder freien
Minute – Keine Sekunde, wo ich
nicht schreibe, erkenntlich –
So ist dies erschreckend!?

Was mache ich mit –
Zu viel Zeit und verlorenem Geist!?
Mein Sprechen in Versen, ist ein
Verständnis, von dem du,
nichts weißt!

Der Dichter, der Denker –
Der Freigeist, er spricht drauf los
Hält diese Zeilen fest im –
Befinde mich im literarischen Hoch

Stehe förmlich unter
Buchstaben-Beschuss!
Gefühlschaos und Durcheinander
Unsortiert – verwirrt im Überfluss!

Umweltschutz

EINTRAG: POLITIK & WIRTSCHAFT

Sie predigen eindringlich
Auch ausführlich reden sie auf uns
ein! Klima- und Umweltschutz –
Rein und natürlich soll alles sein!

Doch die Verpackungsindustrie,
sie verpackt
Da platzt einem doch der
Plastikbeutel und der Kragen, denn
was soll man dazu noch sagen!?

Zur EM 2020/21 hat man ein neues
Konzept erdacht und sehr bewusst
Gar gerissen – 11 Orte, mehrere
Länder zur Veranstaltung gewählt!
Auf Fluglärm, CO_2-Ausstoß wurde
herzlichst und fein drauf
geschissen!

Mit Erhöhung der Steuern
So erzählt man uns, möchte man
Ressourcen schützen und wahren
Einen bewussten Umgang also –
Bei[Steuern]

Doch letzten Endes geht's darum
Den Bürger/innen das Geld
abzuknöpfen!
Alles schön „verpacken", nicht
wahr!?
Sie halten sich für besonders kluge
Köpfe!

Politiker/innen mit ihren tollen –
„Zum Gipfeltreffen-Weltreisen"
Zudem noch in der Business-Class
Die also auf, Schadstoffausstoß
und teure Kosten getrost und
gelassen, mal so richtig scheißen!

Alle reiten herum auf –
„Abgasproblemen" auf
Dieselmotoren und Benzin
Doch Rohstoffe für die
Elektrogeräte aus „armen
Ländern", da unterstützt die Politik
und der Handel ganz und gar die
Industrie!

Es hat schon mehr als nur –
Eine „doppelte Moral"
So scheinheilig wie sie dort oben,
uns hier unten etwas „vorleben"
Lügen und Inszenierung befeuern –
Dieses schöne bunte Leben!

Schuhwerk
EINTRAG: AUS DEM LEBEN

Spuren unseres Lebens
Wege, welcher wir einst –
Gegangen sind
Gute und schlechte, inszenierte
und echte, wir sind wie zerstreute
Blätter im Wind

Bei all deinen Schritten
Und all den Wegen
Ist es gut – und empfiehlt es sich
Ein festes Schuhwerk zu haben

Auch wenn du manchmal vielleicht
Das Gefühl hast, dass; *du fliegst,
du schwebst* – Deine Füße aber,
werden dich noch weite Wege
tragen

Höhle
EINTRAG: SELBSTREFLEXION

An manchen Tagen würde ich mich
nur allzu gerne verkriechen!
Einfach verstecken – im tiefsten
Loch, in die dunkelste Höhle, in die
allerletzten Ecken!

Warum dies, an manchen Tagen so
ist, kann ich nicht erklären –
Und wie soll man etwas erklären,
was für einen selbst nicht zu
verstehen ist!?

An solchen Tagen brauche ich
Den Wald – Natur pur!
Werde ich denn, einfach nur alt?
Kam ich irgendwo, von der Spur!?

Ich wollte doch nie, alt und spießig
werden!

Doch all die blinkenden Dinge, das
am Kasten, „Tasten-Getippe"
Gott ließ mir den Durchblick
gewähren

Und es ist für mich, solange schon
wichtig –
Meine Reime zu schreiben, dazu –
Lernen, bei mir selbst zu bleiben!

Manchmal erscheint es schwierig
In der Masse auf jedem Feld!
In allen Formen, Regeln –
Bei all den Hebeln dieser Welt

Welche Einsicht, welch Weltblick
Den Lauf der Dinge zu erkennen
In vollem Bewusstsein, all die
Kinder doch, beim Namen nennen!

Geblendet von vielerlei Mitteln
Umso wichtiger für mich
Die Dinge wieder mal im Licht –
Doch gerade zu rücken!

Geschmack des Lebens

EINTRAG: GESELLSCHAFT / LEBEN

Sie erzählen, sie reden – oftmals
Blendet der Schein das wahre Sein
Sie verführen mit List, täuschen –
Und sie führen hinters Licht!

Sie schmieren mit all der Worte
Schönheit, voller Pracht
Beißt man an, ist vielleicht –
Ein Fehler schon gemacht!

Sie verkaufen, sie handeln
Stecken in allem und überall!
Kein Mittel wird gescheut
Falle schnappt zu, klar ist der Fall!

Der echte Geschmack –
Vom wahren Leben,
den musst du kosten denn –
Du kennst ihn nicht nur vom Reden

Das Vertrauen schmeckt nicht
mies, weil jene Lüge – es versüßt
Die Enttäuschung aber, sie
schmeckt bitter
Der Erfolg, er manchmal trügt –
Die Niederlage ist, als kaust du auf
so vielen Splittern!

Doch du musst die Sorten,
eigenständig probieren –
Um des Geschmacks Wissen, zu
erkennen!

Wenn du alle kennst, so wähle von
nun an immer bedacht!
Denn Salz in Wunden, sag ich dir –
Dies wird immer brennen!

Bauwerk
EINTRAG: SELBSTREFLEXION

Ein fragiles Bauwerk
Auf Schutt und Asche errichtet
An Empire of: No Hope
Ein Leben im Trauerreim-Gedicht

Zu viele Träume
Zu große Wünsche
Alles nur Illusionen
Nichts als Spinnerei – Visionen

Ziele zu hoch,
welche scheinbar unerreichbar
sind
Brennender Himmel,
die Erde nur noch Asche, ich ein
verbranntes Kind!

Der Wille hat „gebrannt"
Auf Biegen und Brechen

Ich schlug ab des Teufels Hand
Meine Seele, wird er niemals
fesseln!

Trotz allem, wie mein Leben ist
Und wie es so läuft
Im Glauben an Gott –
Habe ich mich niemals getäuscht!

Das Leben ist die Prüfung
Gott ist unser Schöpfer, Lehrer
Unser Glaube wird gut geprüft –
Da bin ich mir, ganz – ganz sicher!

Okay
EINTRAG: SELBSTREFLEXION

Ich hoffe und wünsche –
Dass an meinem letzten Tag,
meines Lebens – der Tag so sein
wird, wie ich es hier nun verfasse!

Fest verankert mein Gottesglaube
Das Leben betrachtet, mit
scharfem Auge!
Vieles probiert, nicht alles
gelungen
Man wird über mich reden, man
wird erzählen –
Mit Vorwurf! Weniger mit
Engelszungen!

Doch was solls!?
Alles egal!
Niemand macht alles richtig!
Das ist verdammt wahr!

Ich habe versucht, aus allem –
Das Beste doch zu machen
Gelang es mir aber nicht immer
Mein Stolz, meine Liebe!
Bist du, Celina!

Es ist alles Okay!
So wie es ist, so wie es steht
Ich hatte meine Zeit!
Und die Zeit, sie vergeht!

Möge das Spottgericht erzählen
„Er war verbissen, er war ein Narr"!
Ich weiß – es war Ehrgeiz!
Vielleicht eine Schippe zu viel,
manches Mal!

Mit dem Teufel an einen Tisch
sitzen, wollte ich NIE!
Gottes Gnade, er schenkte mir
meine Tochter, Lyrik und Poesie!

Und mit der Liebe
Und mit der Ehe –
Das habe ich versagt!
Bitte vergebe!

Ich habe es nicht –
Auf die Reihe bekommen
Gott, ich habe versagt!
Mögest du richten, an meinem
letzten Tag!

Wird alles Okay sein!?
Wie es war, wenn ich geh'
Ich hatte meine Zeit!
Und die Zeit, sie vergeht!

Add On –

Anhang/
Kapitelergänzung

Abschnitt 1: LEID & ZERO

Abschnitt 2: TAKE & GIF

Abschnitt 1 – LEID & ZERO

NICHT ZUM VERKAUF BESTIMMT!
LEID (LIGHT) & ZERO
FEUERWIND
ALLES ANDERE
DÖNER AN DER „LOK"
WENN DU LIEST
MEHR GLÜCK ALS VERSTAND
SO HEISST ES
IN DIE MATERIE
MEIN LEBEN UND ICH
TANZEND, SCHÖN
VERLIERER GIBT'S VIELE

Leid&zero

Christian Hofmann

Nicht zum Verkauf bestimmt!

Gesellschaftskritik, 15.06.2021
©Christian Hofmann

Man benötigt ausschließlich –
Um den Hals, schon eine Auszeichnung
Man benötigt Zertifikat, Qualifikation
Eine jegliche, jeder Art – Bescheinigung!

Hobbyautor, Selfpublishing –
Von welcher Qualität auch die Expertise
Kein Ranking! Kein Bekanntheitsgrad –
So keine Chance, kein Spiel auf fremder
Wiese!

Ich könnte Texte schreiben
An der Zahl, so viele wie ich will
Ganz gleich dem Inhalt!
Man mag wohl meine Texte nicht!?
Weder lesen noch abdrucken!
Weil ein jeder, seine Wahrheit spricht!

Die Einschalttaste am
Einschaltapparat, diese Flimmerkiste!
Sie verbreiten Unfug und Unsinn!

Doch verkaufen es als „nützliches Wissen"!

Lügen und Intrigen aus –
Allen politischen Ebenen und Etagen
Alles heuchlerische, schmierige –
Gefakte Visagen!

Tag der Arbeit, Tag des Kaufens!
Tag der Deutschen Einheit, Tag des Handels!
Tag der Katze, Tag des Hundes, Tag des Wurmes!
Bei allem Tag der Tage, wage ich die Frage
„Wann ist eigentlich, der Tag des Furzes"!?

Keine Zeit bleibt!
Es gibt Höhen und Tiefen
Tiefen und auch Höhen
Auf die Tiefe folgt bergab!

Fälschungen und Manipulationen
Ein Schmieren, ein Abservieren,
Population!

Gier und Quantität, ein Fall von
Reklamationen
Gesellschafts-Kollaps! DE-pression!

LEID (LIGHT) & ZERO

Gesellschaftskritik, 15.06.2021
©Christian Hofmann

Sie gehen über alle Grenzen
Nachspielzeit!
Missachten das Limit –
Die Vergänglichkeit!

Nur Erfolg, schnelles Geld
Reichlich abkassiert!
Verkauft, versklavt, verheizt –
Ausgenutzt und dressiert!

Sehr viel Show, halbes Wissen!
Wahrheit Leid-(light) und ZERO
Ruhm und Gold!
Scheine zählen! Diese Gier, Oh!!!

Diese verbreitete Habgier
Diese elendige Sucht,
sie scheppert wie eine Tonne
Mauerstein –
Durch die ganze Gesellschaft! Volle
Wucht!

Gier kennt keine Grenzen
Fass und Maß läuft über!
Alles versinkt im Chaos!
Hier geht's nur noch drunter und drüber!

Aber!
Alles LIGHT & ZERO
Look up! Look up!
Where is the magic hero!?

Feuerwind

Selbstreflexion, 15.06.2021
©Christian Hofmann

Nur wenn ich allein bin
Dann bin ich im Element!
Fern der Realität, bin´n Träumer,
mit eig´nem Stern am Firmament!

Was ich träume –
Dies geht niemals verloren
Im Feuerwind, im tiefen Flug,
total vertraut, da bin ich geboren!
Freiheit – fühlbar und existent
In der Tiefe meiner Seele!
Versteht nicht Jeder!
Kann auch nicht Jeder sehen!

Beim Dichten
Beim Reime-Schreiben tauche ich ab!
In die Tiefe meiner selbst
Auf meinen geheimnisvollen Grund!
Das Leben da draußen
Und die Philosophie in mir –
Sind verschiedene Welten doch,
bilden den gemeinsamen Bund!

Alles andere

Selbstreflexion/Depression, 15.06.2021
©Christian Hofmann

Traurigkeit liegt Gedanken-breit
An meiner Oberfläche!
Doch es scheint, als ob sie –
Doch gut verdeckt sei!
Stimmungsexplosionen –
Die aber tief im Innern verstummen!
Ich spreche und rede ruhig,
doch im Innern, ein Murren und
Knurren!

Negative Gedankenströme
Sie fließen und sie schlummern –
Unter meiner Haut!
Könnte Tränen vergießen vor Kummer!
Dieses Gefühl, es ist so vertraut!

Versagen und Scheitern
Drücken wie – Pickel voller Eiter!
Trotz allem wie es ist,
geht's täglich doch, irgendwie weiter!
Gott ist nah, Gott ist da!
Bei mir – alles andere, wie alles klar!

Doch allein bin ich nicht!
Gott bringt mir sein Licht!

Döner an der „LOK"

Aus dem Leben/Marburger Text,
15.06.2021
©*Christian Hofmann*

An der Elisabethkirche,
dort stehen, auch die Häuser
„Lokomotive"
An der Ecke dieser Döner-Imbiss,
bei dem ich so gerne mal einen Döner
esse!

An diesem schönen Platz
An dieser städtischen Idylle –
Da schreibe ich auch hin und wieder
gerne,
Stücke meiner Lyrik mit meinem Füller

An der „E-Kirche" –
In der Bahnhofsstraße, dort
gibt's Bänke zum Niederlassen
Ich liebe und fühle mich wohl, in
Marburgs Straßen

Nicht allzu weit entfernt,
ist auch das „Elisabeth"
Diese tolle Cafe-Bar, fein zum Texten
Die Atmosphäre, ja – wunderbar!

Und auch der Steinweg hoch,
in Richtung Oberstadt –
Entlang der Pflastersteine und
Fachwerkhäuser,
dieser Weg, doch auch etwas
Besonderes hat!

Wenn du liest

Autobiografisch/Gedanken, 15.06.2021
©Christian Hofmann

Wo sind die Adressaten?
Wer mag meine Buchstabensalate?
Wem kann mein Inhalt –
Denn auch innehalten!?

Sind meine Texte schwere Kost?
Oder sind sie leicht am Ballaststoff!?
Wie Viele sagen: „Christian, -
was du alles mit deinen Texten bewegt
hast!?

Kann ich Menschen erreichen!?
Oder ist mein Schreiben bloß –
Ein reines, aber schönes, Zeitvertreiben!
Was wird von all dem überbleiben!?

In erster Linie sind meine Texte
Ja, lediglich Momentaufnahmen!
Doch manche Texte können –
Dich auch durchs Leben tragen

Manche Texte sind ein –
Kurzes Zeigefühl
Manche Texte halten an, vielleicht fürs
Leben,
denn sie geben viel!

Für mich selbst zählt immer der Moment
Wenn die frische Tinte fließt
Ist sie dann getrocknet, dann ist der
Text bereit –
Dass du ihn liest!

Mehr Glück als Verstand

Aus meinem Leben/Erfahrung-Eindrücke,
15.06.2021
©Christian Hofmann

Ich habe in diesem Leben schon,
so viele Ungerechtigkeiten gesehen –
Auf gerade mal einem Quadratmeter!

So viele, mit mehr Glück als Verstand –
Haben so, kann man sagen – „erreicht"!?
Ich hatte immer den „Schwarzen Peter"!

Klar! Bei aller Ansicht –
Nicht den eigenen Erfolg außer Acht
lassen
Doch, wie Viele immer so wenig tun!
Ich allen Einsatz immer und überall
erbrachte!

Ich habe es gesehen, es gefühlt!
Habe es verstanden, auch manches
geändert!
Doch alles in allem erscheint es mir –
Als ob sich im Leben, nie etwas ändert!

Ich sehe so Viele von diesen
~VOLLPFOSTEN~!
All die, die den Ball am freien Tor –
Vorbei kloppen!

Die aus 11m-Torentfernung,
das leere Tor nicht treffen!
Das sind Bände, die ganz –
Für sich hier sprechen!

Ich sehe so viele Deppen –
Und auch Unruhestifter!
Einfach, kurzum – schlicht;
Idioten!

Können nicht –
Einmal die „Fresse halten"!
Dummheit ihrer,
sie erfüllt hohe Quoten!

So heißt es

Literatur/Selbstreflexion, 17.06.2021
©Christian Hofmann

Ein neues Schriftstück
~Probetext~
Vielleicht bringe ich dich,
auf den Geschmack, den du
neuentdeckst

Das Schreiben, mein Elixier
Hier ein Exposè –
Das Schreiben mein Abstoß –
Befreiungsschlag
Der Ausweg, den ich seh' und geh'

Das Schreiben ist mein Leben
~Fotografie~
Diese Bilder, Balsam für die Seele
Tauche ein und versteh`

Es ist schon ein Hauch –
Von nicht geringer Traurigkeit
Es ist ein zu „Tränen rührendes Gefühl"
Eine immens emotionale Spürbarkeit

Ich, der Dichter – philosophischer Autor
Vertieft in Gedanken, in Reime, in Zeilen
Das Herz ist einer Sprengung von
Freude nah!
Wenn die Gedanken verfasst sind, um
diese zu teilen!

Es ist ein wahres Lebensgefühl –
Meiner inneren Berufung, dieser
Bestimmung zu folgen
Doch diese Berufung bleibt entlohnt!
Ich spreche nicht von Reichtum oder
vom Vergolden!

Ich kann mit all den feinen
Noch so kleinen –
Wortspielen, nicht meinen
Unterhalt bestreiten!

Doch mein Schreiben
Der Genuss von Lyrik
Er öffnet mir – grenzenlose
Und wohlbefindliche Weiten!

Ich sehe alles um mich herum
Ich nehme es alles wahr
Doch es ist, als spüre ich
Dort noch so viel mehr!

Manches ist nicht sichtbar
Es nicht greifbar!
Gedankenströme,
in meines Lebens Meer!

Das Schreiben des freien Geistes, frei
sein
Mein Sinn des Lebens –
So wird's geschrieben
Ganz genau, so heißt es!

Gedanken, Gefühle
Momente und auch Augenblicke
Es sind alles meiner Wege –
Alles, eigen gegangene Schritte!

In die Materie

Philosophie über die Zeit, 17.06.2021
©Christian Hofmann

Die Zeit entsteht
Die Zeit vergeht
Die Zeit ist der Verlauf,
aus dem der Weg besteht

Die Vergangenheit
Sie weiß um den neuen Morgen nicht
Der Gegenwart, ist die Zukunft –
Nicht gewiss!

Im Verlauf der Zeit
Ist vieles was doch,
auf den Wegen –
Zurückbleibt

Generationen
Und auch Zeitabschnitte
Wir alle, wir sind –
Kinder jener Zeit

Was bleibt erhalten,
bei allem was doch –

Im Meer so treibt!?
Geschichten und Augenblicke
Sie liegen zurück,
zwar ach so weit!

Wachsen an der „Wurzel der Zeit" –
Unbegrenzt, neue Sekundenblüten?
Feuer und auch Eis, wird die Zeit –
Jemals erfrieren oder verglühen?

Sind meine Gedanken, vielleicht –
Überflüssig, ein Wasserfall – ein
Meeresrauschen?
Bin ich einfach viel zu tief,
am „In der Materie" am Tauchen!?

Mein Leben und ich

Aus meinem Leben/Selbstreflexion,
17.06.2021
©Christian Hofmann

Mein Leben und ich,
wie gut wir uns inzwischen nun kennen!
Es könnte den Titel tragen; „Ein
endloses, aussichtsloses –
Doch mit Hoffnung angetriebenes
Rennen!

Es ist die Entscheidung zwischen;
~Dem Aufbäumen und das Glauben an
die eigenen Träume~
Oder das; ~Auf ewig erlegen,
bis zum Rest des Lebens, auf allen
Wegen~

Immer, wenn es hieß;
Für Andere – geht's bergauf – ABFAHRT!
Dann war mein Lauf bloß
Nur zur – AUSFAHRT!

Tanzend, schön

Selbstreflexion, 18.06.2021
©Christian Hofmann

Es ist frustrierend und so deprimierend –
Gar niederschmetternd,
wenn man den Willen hat, dieser brennt
und auch beißt – unter der Haut!

Es ist so erdrückend, einen Weg zu
gehen –
Zu kämpfen, gegen den eigenen Geist
und alle Widerstände, was mich trägt ist
einzig und allein – dass ich daran glaube!

Es ist so unbeschreiblich zermürbend
und es sticht der Schmerz, der Frust –
Auch die Wut, all dies – tief im Innern es
pulsiert!

Nichts scheint zu gelingen
Keine Früchte die getragen werden!
Scheinbar nur Träume und Ideen!
Kann aus einer Illusion, Realität
entstehen?

Manchmal überkommt das Gefühl;
Um den eigenen Wahnsinn sich –
tanzend, schön kreisend, ohne
rhythmisches Ende zu drehen!
Nachzuvollziehen von Jenen –
Die ohne Träume und Ideen leben,
so stelle ich mir vor – Ist es für sie
schwer bis gar nicht zu verstehen!

Was ist nun Gnade?
Was an dem Ganzen also Beistand!?
Es ist sowas wie der Vergleich zwischen;
Fluch und Segen!

Mein Schreiben ist wie ein ewiger
Sommer, es gibt Sonne satt!
Und alle Wörter, man! Sie fließen, doch
jeder weiß – harmoniert die Sonne nicht
mit starkem Regen!
Und so bin ich wohl auf ewig, der
ungewollte Mittelpunkt, der Zwiespalt –
Der Wunsch ohne Erfüllung, der Traum
& Realität, die Idee ohne jegliche
Lösung!
Oder fehlen mir nur erforderliche
Mittel!?

Verlierer gibt's viele!

Selbstreflexion/Depression, 18.06.2021
©Christian Hofmann

Bin ich allein, höre ich in mich hinein
Ich fühle des Herzens Schmerz –
Spüre vollkommen, das ganze
Innerliche Zerrissen-Sein!

An manchen Tagen holt es mich ein
Dann schlägt es mir –
Ohne Gnade um die Ohren!
Verletzt und verwundet,
ohne jeden Abstand, muss ich dann –
Noch tiefer bohren!

Es nimmt mir an solchen Tagen –
Jede Luft zum Atmen!
Die Nerven kribbeln, meine Angst –
Als würde meine Kontrolle versagen!

Getrieben, angefochten von all diesen –
Eigenen Zielen!
Vielleicht gehöre ich einfach zu ihnen –
Zu den Verlierern, denn es gibt so viele!

Christian Hofmann

Abschnitt 2 – TAKE & GIF

TAKE & GIF
ALS WÄRE
SIEGER ALLER NIEDERLAGEN
WELTENWEIT
(P)FAND
UNERREICHBAR EINGETAUCHT
HAUS DER ZEITEN
GLEICHFÜHLENDE
DIE LETZTE ZEILE
THE ~BEST OF~
EINFACH MEIN LEBEN
3-2-1- BEREIT
EIN TAG AM MEER

TAKE & GIF

Gesellschaft/Multimedia, 18.06.2021
©Christian Hofmann

Das ganze Leben, so kommt es mir vor –
Läuft heute total, digital
Ohne Smartphones ist man so „nackt"!
Ohne Erreichbarkeit, ist katastrophal!

Leben – Nehmen und geben
Life - take & GIF

Das Display blinkt –
Handy vibriert, der Handybesitzer springt
Hörer-Taste bedient
Connect to call, get your meet

Digital-Achterbahn
Tastatur und Touchscreen-Zahl
Apps im Überfluss
Wer die Wahl hat… der hat die Qual
Leben – Nehmen und geben
Life – take & GIF
Take what you get – GREAT!
All inclusive, FLAT – RATE!

ALS WÄRE

Selbstreflexion, 19.06.2021
©Christian Hofmann

Was ist Verschwendung?
Was ist Zwecks-Verwendung?
Bin ich ein Nichtsnutz –
Weil ich hier sitze und schreibe!?

Vieles macht es mir so schwer
Es macht mir zu schaffen!
Schlechtes Gewissen, welches ich habe
Welches ich mir tagtäglich mache!

Gescheitert in vielerlei Hinsicht!
Gescheitert in allen Belangen!
Keine Chance auf ein -RESET-
Kein, „Eben mal wieder neuanfangen"!

Tränen sprechen innerlich
Mein Lächeln, das ich trage – es trügt!
Ich halte inne! Denn ich weiß,
dass ich mich doch selbst belüg'!

Mein Leben ist doch schon, so abgrundtief, in die Trauer getränkt! Und dieses aufgesetzte Lächeln zu verlieren, ist als wäre alle Hoffnung auf der Welt verschenkt!

SIEGER ALLER NIEDERLAGEN

Selbstreflexion, Depression 19.06.2021
©Christian Hofmann

Die Erfolgsmeldungen sind aus!
Verliererzeilen, sei gehen raus!
Nichts geht mehr!
Nein, mehr geht nicht!

Die Sonne, sie strahlt –
Doch so warm ins Land
Spürt nichts von meiner Trauer, sie
bringt –
So leicht einen neuen Sommeranfang!

Das Leben blüht, es lebt –
Es wächst und es gedeiht
Der Sommer hat keine Kenntnis,
von meiner Trauer und Bitterkeit!

So traurig-bitter, kannst du Sommer
schmecken!
Dabei bist du doch wie immer –
Nur bei mir, wird's also schlimmer!

Was soll ich tun?
Was kann ich noch sagen?
Ich muss mein Scheitern wohl,
noch meine Lebzeit ertragen!

Kummer und Trauer
Lebensdauer
Mein Versagen –
Ich bin der Sieger aller Niederlagen!

WELTENWEIT

Selbstreflexion, Tiefgründigkeit 19.06.2021
©Christian Hofmann

Kein Licht am Himmel
Kein Stern der aufgeht
Ich sehe nur das tiefe Schwarz,
der ganzen Dunkelheit!
Kein Hoffnungsschimmer
Glück, das draufgeht!
Ich fühle keine Zuversicht –
So weltenweit!

Gestrandet in so einer –
Trostlosen Hoffnungslosigkeit
Abgestürzt – Haltlos
Mein Absturz war so seelentief!
Ich fühle mich so wachend,
aber versunken in einem Lebenstraum
Leicht verfallen dem Sog –
So fest, gar versteinert so fest ich schlief!

Wandle ich noch weiter?
Wo endet die Reise – Wann!?
Bin ich auf ewig verloren?
Entkomme ich dem Ganzen, irgendwo?

Gibt's hier einen Ausstieg?
Ein Nothalten im Express?
verliere ich – Alles – Mich!?
Ende ich im Nirgendwo!?

(P)FAND

Depression, Flucht, Ausweg 19.06.2021
©Christian Hofmann

Es ist nur Ablenkung!
Es ist der Wunsch auf Besseres!
Der Wunsch, dass es ihnen gut geht!
Von mir aus auch, vergesse ich mich!

Auch heute lag das Geld – wieder mal;
„Buchstäblich – auf der Straße"!
Sogar Pfand-Leergut lag im
Getränkemarkt, am Leergutautomat, ein
„leichter" Fund von Pfand!

Der Pfandbetrag,
welcher nun den –
Spieleinsatz beim
~HESSEN-LOTTO~ (P)fand

Es ist der Wunsch auf Besseres
Um innerliche Schmerzen zu lindern!
Druck rausnehmen, Schwerlast mindern!
Es geht nicht um einen „Gewinner"!!!

Ich weiß es gibt kein Entfliehen
Der Untergang, wird ohne Gnade
runterziehen
Es ist ein innerliches Brennen!
Aussichtsloses Ziel im Rennen!

Immer wieder mal –
Sechs Kreuzchen auf „Gut Glück"
Ein paar Sekunden weit entfernt –
Doch im Elend dann zurück!

Fest verankert und verwurzelt
Von all dem, was mich doch umgibt!
Ein kleiner Hoffnungsfunke flackert auf –
Wenn man Lotto-Kästchen spielt!

UNERREICHBAR EINGETAUCHT

Gefühlswelt 19.06.2021
©Christian Hofmann

Vertieft in meinen Träumen
Unerreichbar tief eingetaucht
Ein Leben wie in der Seifenblase
Hier drinnen ist die Welt da draußen
aus!

Das ist hin und wieder
Für Augenblicke und Momente schön
Doch das Erwachen immer wieder –
Ist ein deprimierendes Wiedersehen!

FRUST vs. LEBENSTRÄUME-FREUDE
WUT & HASS vs. SCHWARZES HEUTE
HOFFNUNG & LICHT vermisse ich –
ANGST & DEPRESSION vs.
ZUVERSICHT

ZEILEN MIT POESIE vs.
ZERSTÖRUNGSSTRATEGIE
Keine bessere Medizin gibt's als wie die
SCHREIBTHERAPIE

Und wenn ich untertauche, bin ich unerreichbar… So will ich auch gerne sein!

HAUS DER ZEITEN

Fantasy, 19.06.2021
©Christian Hofmann

Der kleine Junge streicht am Haus
vorbei
Die Türe ist leicht angelegt
Er wagt die Treppe rauf zu gehen
Die Hand den Griff umfasst, frei der
Weg

An den Klingeltastern stehen wirre
Sachen
So es dem kleinen Jungen erscheint
Da steht; FANTASIE, ZUKUNFT,
ÜBERRASCHUNG, WÜNSCHE und
VERGAGENHEIT

Der Junge tritt ins Haus nun ein
Eine Stimme ertönt –
„Du sollst willkommen sein"!
Allein streift er durch weiter Flur

Alte Dielen knarren in der Stille
Verstaubte und verdreckte Holzregale

Darin befinden sich, Bücher,
Schriftrollen, Schatullen mit einer Art
wie Kapseln

Geheimnisvoll und befremdend
Tritt ein alter Mann, zum Jungen hervor
Der alte Mann er sprach;
„Habe ich dich schon mal gesehen
zuvor"!?

Der Junge zögert mit der Sprache Worte
Da fällt ein Bild aus seiner Tasche
Der alte Mann sprach darauf; „Wusste
ich es doch, komm mein Junge, ich
mache"

Und der alte Mann,
er macht eine Schatulle auf
Gibt dem Jungen eine Kapsel und
spricht;
„Hier mein Junge für den Zeitverlauf"

Und der Junge fasst die Kapsel an
Reist durch Raum und Zeit, wie an
Geisterhand

Dort bewegt er sich bei sanftem Wind
und weißem Sand

Und der Junge sieht einen Augenblick
Vor dem es dann geschah –
Sein Vater nochmal vor Augen
Bevor die Welle kam!

Und der Vater –
Nimmt seinen Jungen noch ein letztes
Mal
Fest umschlugen in seinen Arm
„Sei nicht traurig, sei für deine Mama
und deine Schwester stark"

Dies flüstere der Vater –
Dem Jungen zu, in diesem weißen Sand
Und der Junge, verlor die Trauer und
die Tränen, war geführt wie von
Geisterhand

So konnte der Junge noch ein letztes
Mal
Seinen Vater sehen
Und der alte Mann holt den Jungen
zurück,

„Mehr kann ich dir nicht geben, dass
musst du verstehen"

Der Junge ging gestärkt
Aus diesem ~HAUS DER ZEITEN~
hinaus
Blickte unten von der Treppe
Ein letztes Mal, zu Türe hinauf

Und das Haus verschwand –
So, wie nie dagewesen
Und dem Jungen schien es, als hätte er
mehr als nur, in der Vergangenheit
gelesen

GLEICHFÜHLENDE

Lyrik/Literatur, 20.06.2021
©Christian Hofmann

Finden denn all meine Texte –
All die Geschichten,
die noch so banalen –
Finden sie Augen, welche sie lesen!?

Finden sie Menschen –
Gleichgesinnte, Gleichfühlende,
welche dann empfinden –
Ja, das Lesen ist es wert gewesen!?

Jeder Text, jeder Reim
Jedes Gedicht – bringt ein Stück,
vom Leben mit
Jeder Vers, ist des langen Weges –
Schritt

Unter der Sonne, unter dem Mond
Und auch unter den Sternen
In allen Sprachen verständlich?
In allen Ländern, den nahen, den
fernen?

Ein Stück Geschichte –
Alltagspoesie geschrieben
Aus Leidenschaft, ja –
Der Sprache – all meine Liebe!

Menschlich, authentisch
Hin und wieder auch mit Fehlern
behaftet
Doch beschmückt mit eigenen Federn –
Wohl darauf geachtet!?

Ich kann gar nicht oft genug,
die Gedankenströme beschreiben
Bilder die sich in meinem Geist –
Vernetzen und aneinanderreihen

Dann fließen die Worte
Ohne Grenzen, einfach nur dahin
Dies ist wie ein wahres Zuhause
Und ich bin „sowas von" mittendrin!

DIE LETZTE ZEILE

Selbstreflexion/Lyrik, 20.06.2021
©Christian Hofmann

Wie oft stelle ICH mir die Frage –
Was haben meine Texte,
eigentlich für einen Sinn!?
Wie oft, ich mich schon verrannte darin!

Warum und wieso – ist alles wie es ist!?
Warum gibt's Krieg!?
Warum hungert das Kind,
weil es nix zu essen kriegt!?

Warum denke ICH so oft –
„Was ich reime, was ich schreibe – wird
wohl gedichtet im Überfluss"!
Doch bloß, weil ein Lehrer ein Jahr
unterrichtet, macht er ja auch nicht
einfach,
mit seinem Wissen vermitteln Schluss!

Solange man doch lebt
Soll man seiner Berufung, Genüge tun!?
Ich bin halt dieser Dichter, Autor –
Der halt finanziell niemals reich wird!

Doch meine Seele,
mein Inneres –
Es hat Reichtum, den schätze und
genieße ich auch lange schon!

Und es gibt diese Tage, so wie heute
Da kenne ich kein Ende!
Keine Schicht im Schacht, wie man doch
immer so schön sagt!

Fühle mich, als schreibe ich
Wieder einmal mehr –
Um mein eigenes Leben –
Vom späten Abend, bis in tiefe Nacht!

Wie oft denke ICH;
„Nur noch dieser eine Text"
„Diese eine letzte Zeile"
Es ist die Schreibleidenschaft, in der ich
doch lange und gerne verweile und
bleibe!

THE ~BEST OF~

Selbstreflexion/Leben, 20.06.2021
©Christian Hofmann

Das „Ding" mit dem ~BEST OF~
Es ist in meinen Augen;
„Ja viel mehr, zum gezielten
Geldeintreiben"!

So denke ich, warum –
Zu welchem Grund, sollte ich,
ein Buch, nochmal nach einer Auswahl
von bereits publizierten Texten,
veröffentlichten?

Das ~BEST OF~ ist für mich schlicht;
Einfach das ganze Leben!
Alle Momente, jeder Augenblick
All das Geschehen!

Es gibt gute Zeiten –
Und es gibt schlechte Zeiten
Die Einen, wie die Anderen –
Werden von der Uhr begleitet!

Zum Abschluss von ~BEST OF~

…

Traurigkeit die ich trage
Ich lasse mir sie nicht anmerken –
Lasse sie mir nicht ansehen!
Tief unter der Haut, trage ich Narben

Ich verfasse Zeilen
Ich verfasse Reime
Genauso – wie sie eben kommen!

…

~BEST OF~
Ist das ganze Leben!

EINFACH MEIN LEBEN

Autobiographie/Selbstreflexion,
20.06.2021
©Christian Hofmann

Ich finde in meinen Büchern – selbst, gar
keinen Faden!
Ich schreibe was mich bewegt. Über
Dinge die mich beschäftigen und dies
verfasse ich in Lyrik, in Reime!

Es ist also in meinen Augen; „keine
große Kunst"! oder auch keine „Gabe" in
der Art!

Ich denke, so erkläre ich für mich – geht
es mir wie vielen Künstlern, Musikern,
Liedermachern, Dichtenden und
Textern, - es ist schön ausdrücken zu
können, was man halt fühlt und denkt.

Gerade ich, als – wenn ich an die
Kindheit zurückdenke, introvertierter
und schüchterner Junge, der ich war –
betrachte ich mein Tun, welches mir
Freude bringt, nämlich Texte zu

verfassen ganz schlicht und einfach;
„Dies ist mein Leben"

„Meine Lyrik hat keinen sachbezogenen,
kompakten Leitfaden –
Ich schrieb damals drauf los, emotional,
authentisch und einfach echt"!

Christian Hofmann

3-2-1- BEREIT

Gedanken/Gefühle, 20.06.2021
©Christian Hofmann

Manchmal ist im Kopf
Tornado-Zeit
Wirbelsturm –
Alle Gedanken-weit
Ungeordnet
Durcheinander
Gefühle sind gefächert breit

Wind im Segel
Sturmflut bricht
Bei starkem Wind –
Halte ich hinein, mein Gesicht!
Wellen schlagen, Meeresrauschen
3-2-1- Bereit! Um die Tiefe einzutauchen

Der Wind er fegt –
Übers weit offene Meer!
Fluss Richtung Zukunft,
ohne der Vergangenheit –
Wiederkehr!

EIN TAG AM MEER

Kurztext
©Christian Hofmann

Es war ein unbeschwerlicher Tag, als er durch den warmen Sand streifte – in dem seine Füße am Strand in der Sommerwärme versanken.

Er schaute in die Weite, fern zum Horizont. Hinweg über das schimmernde Meer.
Als er in die Ferne sah, war zur Stunde gerade Ebbe.

So ruhig wie die See lag, so ruhig war auch sein Atem, ruhig auch sein Gemüt.
Ganz bei sich, in seinen Gedanken war er.

Er legte sich in den feinen Sand, ausgebreitet Arme und Beine, hatte er am Küstenstrand.

Er schloss die Augen, spürte wie der warme Sommerwind, diese ganz feine Brise über seine Haut fuhr. Seine Gedanken drehten sich bei geschlossenen Augen um das Leben und um die Zeit.

Während er sich über Kleinigkeiten Gedanken machte, fühlte er in diesem Verlauf Leben und Zeit zugleich.

Dort am Meer, wo sich Leben und Zeit auf der Haut niedergelegt hatten, kam er doch, als er erwachte zur Erkenntnis;
„Dass das Leben einfach eine Brise Zeit ist"

Er öffnete seine Augen, ging weiter am Küstenstrand, entlang der Dünen.

Während er den Tag, im warmen Sommerwind genoss, und das ruhige Meer betrachtete, in einem

angenehmen Abendhauch – setzte er
sich später an den Schreibtisch.

Am Schreibtisch bei einem Blatt
Papier und Stift, verfasste er die
Eindrücke, diese Brise des Lebens,
die ihn durchströmte zu einem
Gedicht.

Der Autor Christian Hofmann,

geb. 5.3.1986 in Biedenkopf,

bei Marburg.

Der Autor lebt im mittelhessischen
Marburg an der Lahn. In dieser
Stadt, hat sein literarisches
Sammelwerk seinen Ursprung –
Neben Bühnenauftritten, publiziert

er auch seine Bücher, seit dem Jahr 2019 unter der Reihe – ENTGEGEN DER ZEIT

Seine Liebe und Leidenschaft zur Sprache, zu Wort und Schrift – legt er in jeden seiner verfassten Texte nieder.

Lebensnahe und authentische Texte heben seine – *Texte aus dem Leben* – immer wieder hervor.

Er selbst sagt; *„Große und lange Romane schreiben ist nicht meins – Ich schreibe Texte aus dem Leben, wenn man so möchte - also, ein Roman in einer Kurzversion"*

Schreibsucht

Ich schmecke all,
die bitteren Niederlagen
Ich träumte von Zeiten,
meiner Siege!
Ich sah in all,
die Abgründe
Ich wünschte mir, ich könnte
fliegen

Vieles im Leben
Hat mir Leid erbracht
Ich entdeckte das Reimen –
Meine Schreibleidenschaft

Vermeintlich, wurde aus –
Meiner ganzen Schreiblust
Mir zum Verhängnis, wohl eher
Meine ganze Schreibsucht!